ANALISI DEL LIBRO

AF142059

Lettere persiane
• • • • • • • • • • • • • • •

Montesquieu

ANALISI DEL LIBRO

Scritto da Lucile Lhoste
Tradotto da Sara Rossi

Lettere persiane

• •

MONTESQUIEU

MONTESQUIEU

SCRITTORE E FILOSOFO FRANCESE

- **Luogo e data di nascita: Château de La Brède (Francia sud-occidentale), 1689.**
- **Luogo e data di morte: Parigi, 1755.**
- **Opere principali:**
    - *Il tempio di Gnido* (1724), poema
    - *Riflessioni sulle cause della grandezza e del declino dei Romani* (1734), saggio
    - *Lo spirito delle leggi* (1748), saggio

Charles-Louis de Secondat, barone de La Brède et de Montesquieu, meglio conosciuto semplicemente come Montesquieu, si dilettava in diverse carriere: dopo aver studiato legge all'Università di Bordeaux, diventò magistrato di alto rango al Parlamento di Bordeaux ed entrò nell'Accademia di Bordeaux. Nel 1721 pubblicò anonimamente il suo romanzo *"Lettere persiane"*, che ebbe un immediato successo e gli valse l'ingresso in diversi salotti letterari, in particolare quelli della marchesa de Lambert (scrittrice francese, 1647-1733) e di Claudine Guérin de Tencin (scrittrice francese, 1682-1749).

Nel 1728 fu eletto all'Académie Française e nello stesso anno intraprese un viaggio di tre anni attraverso l'Europa. Le sue osservazioni e riflessioni sui vari regimi politici incontrati durante i suoi viaggi costituirono la base di una delle sue opere più famose: il saggio del 1748 *"Lo spirito delle leggi"*.

LETTERE PERSIANE

IL RACCONTO DI UN VIAGGIO IN OCCIDENTE

- **Genere: romanzo** epistolare

- **Edizione di riferimento:** Montesquieu (2008) *Lettere persiane*. Trans. Mauldon, M. Oxford, Oxford University Press.

- **Prima edizione:** 1721

- **Temi:** shock culturale, società francese, viaggio, satira, costume, politica, religione

Le *"Lettere persiane"* furono pubblicate in anonimo ad Amsterdam nel 1721 e Montesquieu affermò di aver semplicemente tradotto il libro per evitare la censura. Questo romanzo epistolare racconta un viaggio di otto anni attraverso le lettere di due nobili persiani, che scrivono le loro impressioni e i loro pensieri, mentre i loro corrispondenti li mettono al corrente dei principali eventi che si svolgono in patria, in particolare nel serraglio (l'abitazione delle mogli e delle concubine di Usbek, uno dei protagonisti).

Le lettere, dal tono satirico e spesso comico, forniscono un resoconto della società francese del XVIII secolo, dei costumi, della politica e della religione e si distinguono, in particolare, per i loro acuti commenti politici. Le lettere riflettono anche il fascino diffuso in Francia all'epoca per l'Oriente e il serraglio e Montesquieu fornisce una grande quantità di dettagli specifici sulla cultura per intrattenere i suoi lettori.

SINTESI

"Lettere persiane" è la corrispondenza tra Usbek e Rica, due nobili persiani che hanno lasciato la loro patria per scoprire l'Occidente e numerosi loro amici e conoscenti che si trovano ancora nel paese. I due sono originari della città persiana di Ispahan (l'attuale Iran) e da lì si sono recati a Parigi, dove rispondono alle loro numerose nuove conoscenze con un misto di indulgenza, sconcerto e critica. Tuttavia, durante la loro assenza, l'ordine nel serraglio (dove risiedono le cinque mogli di Usbek e gli eunuchi [uomini castrati] che le sorvegliano) inizia a rompersi e le donne si liberano dal dominio maschile, culminando nel suicidio della moglie preferita di Usbek, Roxane.

ALLA SCOPERTA DEL MONDO OCCIDENTALE

Usbek e Rica stanno per lasciare la loro città natale, Ispahan, per andare in Europa. Entrambi vogliono conoscere le culture dei paesi che visiteranno, ma questo non è l'unico motivo che spinge Usbek a partire: la sua virtù e la sua decenza lo rendono un facile bersaglio nel mondo corrotto della corte, quindi, cerca di sfuggire ai propri nemici. Tuttavia, le sue mogli non vogliono che se ne vada e si lamentano della sua partenza e della loro noia nel serraglio in una serie di lettere.

👁 IL SERRAGLIO

Il termine "serraglio" si riferiva originariamente alla parte di una casa turca in cui vivevano le donne, mentre "harem" può riferirsi sia a un gruppo di mogli e concubine sia al luogo in cui esse vivono. Nelle *Lettere persiane"*, come in molte opere letterarie occidentali, i due termini sono usati in modo praticamente intercambiabile. Il serraglio era un motivo esotico molto popolare nel XVIII secolo ed è l'argomento delle ultime 15 lettere del romanzo, che descrivono la rivolta delle donne frustrate, la rottura totale dell'ordine e il suicidio di Roxane.

Usbek e Rica lasciano la Persia nel marzo 1711 e viaggiano attraverso diversi paesi, tra cui la Turchia e l'Italia. Sono sconvolti dai costumi europei che incontrano sul loro cammino: Usbek è stupito dal grado di libertà di cui godono le donne, che in Persia sono completamente sottomesse agli uomini, mentre Rica critica la politica e la religione francesi. Arrivano a Parigi nel maggio 1712. Mirza, uno degli amici di Usbek, gli chiede perché la virtù e la giustizia siano così importanti e lui risponde raccontando la storia dei Trogloditi, un popolo il cui destino è determinato dalla loro virtù.

Usbek e Rica continuano a osservare le differenze tra la cultura occidentale e quella orientale, descrivendo e talvolta criticando le amicizie, i dibattiti e il gusto per il vino dei parigini. Sono particolarmente critici nei confronti della religione, poiché hanno notato la relativa diversità religiosa in Occidente e sono scioccati dal contrasto e dal conflitto tra le varie confessioni. Rimangono, inoltre, sconcertati dal comportamento e dai costumi europei, poiché non conoscono i pettegolezzi, la preoccupazione per le apparenze, il concetto di infedeltà e il gioco d'azzardo.

RIFLESSIONE COSTANTE

Tuttavia, nelle lettere dei due persiani non ci sono solo contrasti e critiche: Usbek osserva che gli ebrei in Europa sono simili a quelli in Persia e Rica elogia l'apprezzamento degli europei per l'individualità. Nel frattempo, nel serraglio si avvertono i primi segnali di ribellione e il capo eunuco chiede aiuto a Usbek. Egli scrive poi delle lettere alle sue mogli per ristabilire l'ordine.

Nelle lettere successive, Usbek e Rica riflettono più a lungo sulla società francese e sulla sua influenza sugli individui. Usbek riflette anche sulla forma che assumerebbe un governo ideale e mostra di essere conquistato da alcuni concetti occidentali, che ritiene più gratificanti per i comportamenti virtuosi rispetto al dispotismo che prevale in Persia.

Nel settembre 1715 muore Luigi XIV (re di Francia, 1638-1715). Il nipote Filippo II, duca di Orléans (1674-1738) lo sostituisce come reggente e questi cambiamenti rendono Usbek e Rica consapevoli della progressiva corruzione della società francese. I due rivolgono, quindi, la loro attenzione all'Inghilterra, che vedono in una luce più positiva perché c'è meno distanza tra il re e i propri sudditi.

I due uomini si separano, ma restano in contatto e continuano a condividere le loro impressioni attraverso le lettere. Usbek discute della Costituzione, dello spopolamento e della religione, mentre Rica adotta un approccio meno serio, scrivendo delle persone che incontra e delle situazioni assurde in cui si trova.

DISORDINE NEL SERRAGLIO

Usbek riceve una lettera dal capo eunuco che gli comunica che la situazione nel serraglio ha preso una nuova piega e gli chiede un consiglio, poiché le donne si stanno imbarcando in relazioni adulterine e lui non sa cosa fare. Usbek concede al capo eunuco poteri illimitati per affrontare la situazione, ma muore prima di poter agire e il suo sostituto Narsit riceve gli ordini con un certo ritardo. Alcune lettere di Usbek vanno perse, aggravando gli effetti della sua assenza.

Narsit gli dice che tutto va bene nel serraglio, ma Usbek non gli crede e dimentica i propositi di essere meno tirannico che si era prefissato durante il suo soggiorno in Occidente, ordinando invece di punire le sue mogli. Molte di loro gli scrivono lettere in cui si lamentano del loro trattamento.

Solim, incaricato di mantenere l'ordine, ha altre cattive notizie per Usbek: la sua moglie preferita Roxane, di cui aveva lodato la virtù e l'onore in diverse lettere, è stata sorpresa a commettere adulterio con un altro uomo, che è stato ucciso. Solim si prepara a punire Roxane, ma lei lo batte sul tempo: nella sua ultima lettera, afferma di aver sempre odiato Usbek e il suo autoritarismo, confessa il suo adulterio e dichiara di aver scelto il suicidio per affermare la propria libertà. Ha preso un veleno, che entra in azione mentre sta scrivendo la lettera e muore mentre finisce di scriverla.

STUDIO DEI PERSONAGGI

USBEK

Usbek è molto affezionato alla sua patria, dove è rispettato e considerato un illuminato (in più di un'occasione, uno degli altri personaggi gli chiede consiglio). Lo scopo per cui lascia il suo serraglio di cinque mogli e si reca in Francia è duplice: vuole studiare lì, ma vuole anche sfuggire alla minaccia rappresentata dai nemici che si è fatto in una corte corrotta.

Le sue caratteristiche sono la sete di conoscenza e il desiderio di studiare. È un prolifico scrittore di lettere (quasi la metà delle lettere che compongono il romanzo sono scritte da lui), poiché desidera far conoscere la Persia all'Occidente attraverso le proprie osservazioni.

Esamina i costumi francesi con l'obiettivo di elaborare una sorta di codice morale universale basato sulla ragione e sulla virtù. Tuttavia, la sua personalità è plasmata anche dalla sua religione (l'Islam) ed è piena di contraddizioni: si definisce un marito, ma governa le sue mogli come un dittatore; condanna la poligamia anche se ha diverse mogli; elogia sia la frugalità che il lusso. Sebbene nel corso del viaggio sembri diventare più tollerante, la sua vena autoritaria torna a farsi sentire quando viene a sapere cosa è successo nel serraglio in sua assenza.

Nonostante abbia trascorso otto anni fuori dalla Persia, la sua assenza non ha diminuito la sua preoccupazione per l'ordine che ritiene debba prevalere in quel paese. È molto rapido nell'ordinare dure misure repressive che sono completamente in contrasto con le idee espresse nelle sue lettere precedenti. La sua personalità è, quindi, piena di contraddizioni e difficile da inquadrare.

Nella sua ultima lettera, scrive di essere preoccupato per gli eventi del serraglio. È rattristato da ciò che è accaduto e desidera tornare a casa, ma ha paura di ciò che potrebbe trovare lì. I suoi peggiori timori si realizzano quando Roxane, la sua moglie preferita, si suicida.

RICA

Rica è più giovane di Usbek e proviene da un ambiente più umile. È un filosofo in cerca di conoscenza e ha uno spirito vivace e beffardo. I motivi che lo spingono a viaggiare in Occidente sono meno seri di quelli di Usbek: per lui si tratta di un viaggio formativo che gli farà conoscere nuove culture e nuove persone. Molte di queste sono descritte nelle sue lettere, che costituiscono circa un quarto del romanzo.

Di tanto in tanto, fatica a comprendere le situazioni e le nuove idee con cui viene a contatto, in particolare le complesse questioni politiche e religiose. Tuttavia, offre una visione perspicace della società francese e dei suoi costumi, molti dei quali vengono da lui apprezzati.

Rica adotta più rapidamente di Usbek una posizione relativista e si lascia sinceramente conquistare da molti aspetti della vita occidentale, come ammette nella lettera 38: "Come vedi, mio caro Ibben, ho acquisito uno dei gusti di questa nazione, la cui gente si diverte a sostenere opinioni straordinarie e a ridurre tutto a un paradosso" (p. 49). La novità di questa nuova cultura non sembra esaurirsi, poiché verso la fine del romanzo Usbek ammette che Rica sembra voler rimanere in Francia e cerca scuse per non tornare in Persia.

I LORO AMICI

I principali corrispondenti dei due persiani sono Mirza e Ibben, che desiderano ampliare i loro orizzonti, e Rhedi, che si diverte a cercare di sviscerare i fondamenti filosofici delle tradizioni. Ciò significa che Usbek e Rica tendono a scrivere a Mirza sui costumi occidentali e a Rhedi quando vogliono discutere di argomenti filosofici di peso.

GLI EUNUCHI

Gli eunuchi sono personaggi ambigui, in quanto sono contemporaneamente padroni e schiavi. Illustrano perfettamente il modo in cui un primo assaggio di potere può dare rapidamente alla testa di una persona e farle rivelare il suo vero carattere. Abusano del proprio potere come un modo per infierire sul sistema che li sottomette, il che li rende nient'altro che un'arma brandita dal loro dispotico padrone.

Il loro unico ruolo nel romanzo è quello di chiedere consigli a Usbek o di informarlo di ciò che accade nel serraglio, dove lottano per controllare le donne sempre più indipendenti in assenza del marito.

LE DONNE

Le mogli principali di Usbek sono Zachi, Zelis e Roxane.

Zachi è sensuale, ingenua e sottomessa e non sembra comprendere ciò che accade intorno a lei. Tuttavia, contribuisce alla rottura dell'ordine mantenendo una stretta relazione con una delle sue schiave.

Zelis è un personaggio più sfumato e riflette sulla condizione femminile. Sebbene inizialmente creda che le donne debbano sottomettersi agli uomini, alla fine del romanzo dichiara di non amare più Usbek e si ribella al suo status togliendosi il velo nella moschea. Inizialmente si astiene dal dire a Usbek che ha portato la loro figlia di sette anni nel serraglio. Sa che le sue condizioni di vita sono simili a quelle di una prigione, ma pensa comunque di aver sperimentato più cose della vita di Usbek, che è interamente governato dai suoi sentimenti per lei.

Roxane è la moglie preferita di Usbek, che si vanta della sua eccezionale virtù in alcune lettere. Tuttavia, verso la fine del romanzo viene scoperta tra le braccia del suo amante, che attacca Solim e i suoi uomini prima di essere sopraffatto e ucciso da loro. Questo manda in frantumi l'immagine che Usbek ha di lei, ma in realtà lei è sempre stata aperta sui suoi desideri e non è mai stata la donna perfetta che lui immaginava. La sua apparente sottomissione non è che una facciata; in realtà è forte e indipendente. Quando il suo amante viene ucciso, è sconvolta e afferma la sua libertà scegliendo di morire piuttosto che attendere passivamente la sua punizione.

ANALISI

UN CELEBRE ROMANZO EPISTOLARE

Il romanzo epistolare è un'opera di narrativa che assume la forma di una serie di lettere inviate e ricevute dai personaggi. I precursori del genere risalgono all'antichità, con opere come *"Le lettere di Alcifrone"* (scrittore e retore greco, III secolo a.C. circa) e le *"Heroides"* (15 a.C. circa) di Ovidio (poeta latino, 43 a.C.-17). Tuttavia, i primi romanzi epistolari riconosciuti come tali sono emersi solo nel XVII secolo.

Numerose opere francesi di questo periodo contengono lettere fittizie inserite in racconti più lunghi, come «*L'Astrée*» (1607-1628) di Honoré d'Urfé (scrittore francese, 1567-1625) e *"La principessa di Cleves"* (1678) di Madame de La Fayette (scrittrice francese, 1634-1693). Anche romanzi epistolari come *"Lettere di una monaca portoghese"* (1669), generalmente attribuiti a Gabriel de Guilleragues (scrittore e diplomatico francese, 1628-1685), furono pubblicati in questo periodo e contribuirono a plasmare le convenzioni del genere.

Le "Lettere persiane" furono inizialmente pubblicate all'estero in forma anonima, ma in un primo momento furono presentate come una traduzione di un'autentica raccolta di lettere tradotte, non come un romanzo epistolare. Tuttavia, nel 1754 Montesquieu suggerì che il libro poteva essere letto in questo modo, poiché ha un inizio, un centro e una fine, e i suoi vari personaggi sono collegati tra loro dalla catena degli eventi (citato dalla Bibliothèque national de France).

Il genere conobbe una sorta di età dell'oro nel XVIII secolo: alle *"Lettere persiane"* seguì un'ondata di romanzi epistolari successivi, alcuni dei quali si ispirarono direttamente all'opera di Montesquieu. Tra questi, *"Julie, o la nuova Heloise"* (1761) di Jean-Jacques Rousseau (scrittore e filosofo ginevrino, 1712-1778) e *"Le relazioni pericolose"* (1782) di Pierre Choderlos de Laclos (generale e scrittore francese, 1741-1803).

La caratteristica più originale del romanzo di Montesquieu e, probabilmente la più responsabile del suo successo, è il fatto che i suoi protagonisti sono stranieri che non conoscono i costumi europei. La forma epistolare conferisce maggiore autenticità al racconto delle loro esperienze e impressioni e permette a Montesquieu di prendere le distanze dalle proprie creazioni. Inizialmente, infatti, affermava di non essere altro che il traduttore delle lettere e questa apparente distanza gli permetteva di criticare l'epoca in modo più incisivo.

STRUTTURA

Il romanzo comprende 161 lettere, scritte da circa 20 personaggi per altrettanti destinatari (anche se la maggior parte sono scritte dai due protagonisti, Usbek e Rica). Questo ci dà accesso a una serie di prospettive sugli eventi e sui temi centrali del romanzo. La maggior parte delle lettere può essere suddivisa in due categorie: quelle che riguardano l'Occidente e quelle che si concentrano sull'Oriente.

L'Oriente

La maggior parte del romanzo si concentra sull'Occidente, mentre l'attenzione per l'Oriente è relativamente minore.

Ciononostante, alcuni temi vengono esplorati in relazione a quest'ultima regione:

- racconti (lettere 11-14, 67, 141);

- politica (lettere 19, 80, 81, 88, 103, 123);

- religione (lettere 16-18, 39, 85, 93, 125, 143);

- il serraglio (lettere 2-4, 6, 7, 9, 15, 20-22, 26, 27, 41-43, 47, 53, 62, 64, 65, 70, 71, 79, 96, 114, 115, 147-161).

Montesquieu incorpora nel suo romanzo anche racconti che si rifanno ai miti di Platone per esplorare alcuni dei temi filosofici da lui preferiti, tra cui la ragione, la virtù e la morale. Oltre a essere presenti nella critica dell'Occidente, questi temi sono illustrati attraverso storie come quella dei Trogloditi, in cui il gruppo sopravvive grazie a due famiglie virtuose che riescono a fondare una nuova società. I temi affrontati da Montesquieu sono tra i concetti più importanti dell'Illuminismo (il movimento intellettuale e filosofico che ha dominato il pensiero europeo nel XVIII secolo, caratterizzato dall'importanza attribuita alla ragione e a valori come la tolleranza e la libertà) e sono fondamentali per la sua idea di società ottimale.

Le religioni orientali, in particolare l'Islam e lo Zoroastrismo (religione monoteista dell'antico Iran), e la politica non vengono esaminate a fondo e giocano solo un ruolo secondario nella storia. Nel frattempo, che Usbek sia presente o meno nel serraglio, gli eunuchi che lo sorvegliano concedono alle donne piccoli piaceri nel tentativo di tenerle lontane da passioni più pericolose, ma questo non impedisce loro di ribellarsi alla fine.

L'Occidente

Al contrario, un numero molto maggiore di lettere del romanzo si concentra sull'Occidente. Tuttavia, esse trattano temi simili, come se si trattasse di un confronto tra le due regioni:

- paesi diversi dalla Francia (lettere 31, 41, 78, 104, 139);

- religione (lettere 29, 35, 46, 49, 57, 60, 61, 75, 101);

- filosofia (lettere 69, 76, 77, 83, 94, 97, 105, 106, 143);

- politica (lettere 24, 37, 44, 80, 88, 90, 92, 94, 95, 100, 102-104, 107, 112-122, 124, 126, 127, 129, 131, 138, 142, 146);

- il comportamento e i costumi dei francesi (lettere 24, 28, 30, 32, 33, 36, 45, 48, 50, 52, 54-61, 63, 66, 68, 72-74, 82, 84, 86, 87, 91, 92, 98, 99, 107-110, 128, 130, 132-137, 140, 144, 145).

Sebbene solo 18 delle lettere abbiano come argomento principale la religione e la filosofia, il loro tono critico le contraddistingue. Usbek e Rica muovono le prime critiche al cristianesimo poco dopo aver messo piede per la prima volta in Francia, descrivendo il Papa come una mera figura di riferimento, adorata da creduloni che non sono veri credenti e affermando che i cristiani non rispettano le regole della loro stessa religione. Ritengono, inoltre, che il cristianesimo abbia un ruolo sproporzionato nella società e non sia sufficientemente aperto alle altre culture. La maggior parte delle questioni filosofiche del romanzo sono poste da Usbek, che riflette sul posto di Dio, sulla dualità tra corpo e anima e sulla natura e il ruolo della passione.

Non si parla molto di altri paesi europei, perché i due persiani vi trascorrono meno tempo, ma fanno spesso osservazioni ironiche e puntuali sui costumi occidentali. Rica tende a essere più caustico di Usbek. Ad esempio, nella lettera 63 commenta così le battute e la falsità delle apparenze: "le professioni appaiono ridicole solo quando sono svolte con gravità; un medico non sarebbe più ridicolo se il suo costume fosse meno lugubre e si abbandonasse a battute mentre uccide i suoi pazienti" (p. 83).

I due temi principali delle lettere sull'Occidente sono, senza dubbio, i costumi e la politica francese. Le descrizioni di Usbek e Rica dei personaggi eminenti che incontrano a Parigi sono spesso ironiche e quasi caricaturali. Il romanzo dedica inizialmente poca attenzione alla politica, ma gli sconvolgimenti in Francia dopo la morte di Luigi XIV e durante la Reggenza (1715-1723), e le manovre e gli intrighi che li accompagnano, lasciano i persiani disillusi e li inducono a chiedersi se altrove possa esistere un sistema migliore. Montesquieu riteneva che l'accentramento dei poteri legislativo, esecutivo e giudiziario nelle mani di un solo uomo (il re) fosse intrinsecamente pericoloso, in quanto lasciava il popolo in una posizione di debolezza, completamente alla mercé dei capricci del monarca.

UNA PROSPETTIVA ESTERNA

La pubblicazione delle "*Lettere persiane*" nel 1721 fu preceduta dall'apparizione della prima traduzione francese de "Le *mille e una notte*" tra il 1704 e il 1717, che aveva contribuito alla popolarizzazione dei temi orientali e dell'esotismo in Francia. Di conseguenza, l'uso di questi elementi nelle "*Lettere persiane*" diede a Montesquieu una maggiore libertà di satireggiare i costumi e le istituzioni francesi. In effetti, il fatto che Usbek e Rica siano entrambi stranieri conferisce alla loro visione un'onestà e un'ingenuità rinfrescanti e spesso disarmanti.

I due persiani guardano ai costumi francesi con occhi nuovi e, così facendo, rivelano chiaramente l'assurdità di molte abitudini europee. Ad esempio, nella lettera 62 Rica sottolinea la stoltezza di un gruppo di donne che denigrano ognuna il comportamento delle altre e critica la loro ossessione di aggrapparsi a tutti i costi alla loro giovinezza scomparsa. Più avanti, nella lettera 66, disprezza gli pseudo-intellettuali e la loro determinazione a lasciare un segno nella storia nonostante la loro ignoranza. In generale, il comportamento e la mentalità dei francesi sono rappresentati con umorismo e ironia per dimostrarne l'assurdità.

Montesquieu non fu il primo scrittore francese ad adottare questo approccio: "*I Cannibali*", uno dei più noti "*Saggi*" di Michel de Montaigne (scrittore francese, 1533-1592) (1580), mette a confronto l'Europa e il Nuovo Mondo, con la prima parte del testo che descrive i costumi dei nativi americani e la seconda che presenta i portoghesi dal punto di vista degli abitanti indigeni. Attraverso questa prospettiva insolita, Montaigne incoraggia i suoi lettori a chiedersi chi siano i veri selvaggi. Anche Voltaire (scrittore e filosofo francese, 1694-1778) ha utilizzato questo approccio, in particolare nella sua novella "*Micromégas*" (1752), in cui il gigante protagonista e il segretario dell'Accademia di Saturno scoprono la terra.

Montesquieu credeva che l'uso giudizioso del ridicolo potesse essere estremamente potente (Ehrard, 2003-2004: 167), e questa convinzione si riflette in alcune lettere del romanzo. Ad esempio, nella lettera 44, Rica scrive a Ibben:

> *"Vi sembrerà difficile da credere, ma in questo mese di permanenza qui non ho ancora visto nessuno camminare; non c'è nazione al mondo che faccia lavorare il proprio corpo più duramente dei francesi. Corrono, volano; i lenti mezzi di trasporto dell'Asia, i passi deliberati e regolari dei nostri cammelli, farebbero venire loro un infarto. [...] [Periodicamente un uomo che mi sorpassa da dietro mi fa girare a metà strada, mentre un altro, passandomi dalla parte opposta, mi riporta improvvisamente alla posizione iniziale; ho fatto appena cento passi e sono più esausto che se avessi camminato per dieci leghe o giù di lì". (pp. 30-31)*

In questo passaggio, Rica contrappone la tranquillità dell'Oriente al ritmo frenetico della vita in Occidente: come si vede, gli abitanti dell'Occidente sono sempre di corsa e si affaticano senza un vero motivo. Rica adotta un tono umoristico, con l'iperbolica affermazione che i francesi "volano" e che il ritmo più pacato della vita in Oriente "farebbe venire loro un infarto", e nella sua conclusione chiarisce l'inutilità dei loro sforzi: non c'è bisogno di fare tanta fatica per fare cento passi.

Oltre a satireggiare i costumi europei, Montesquieu dipinge ritratti degli abitanti del continente che non sarebbero fuori luogo nei *"Personaggi"* di Teofrasto (ca. 372 a.C.-287 a.C.) (IV secolo a.C.), che sono stati fonte di ispirazione anche per lo scrittore francese Jean de La Bruyère (1645-1696). Il candore e l'ingenuità dei Persiani contribuiscono all'effetto di questi ritratti: ad esempio, quando si reca in visita a un uomo rispettato, Usbek è colpito da un uomo smorfioso, mal vestito e apparentemente privo di spirito. Quando chiede di lui, gli viene risposto:

> *"'Quello', rispose, 'è un poeta e il buffone della razza umana; queste persone dicono di essere nate così; è vero, e inoltre saranno così per tutta la vita, il che significa, quasi sempre, che sono i più ridicoli tra gli uomini; di conseguenza non hanno pietà, ma vengono disprezzati e disprezzati; La fame ha portato questo signore in questa casa; è stato accolto qui dal nostro padrone di casa, la cui bontà e cortesia non mancano mai;*

ha scritto il loro epitalamio quando si sono sposati; è la cosa migliore che abbia mai scritto, perché il matrimonio è stato felice come aveva previsto.'" (p. 61)

In questo caso, la prospettiva di Usbek è relativamente limitata, ma la risposta dell'amico occidentale ne arricchisce il ritratto. Combinando i due punti di vista si ottiene un ritratto brutalmente incisivo del poeta, il cui unico risultato è quello di prevedere la felicità di un matrimonio, una questione che è completamente fuori dal suo controllo. Le descrizioni di Rica e Usbek presentano spesso ritratti di questo tipo e la loro perfetta fusione di descrizione e satira rende ancora più pungente la critica che essi rivolgono.

IL PENSIERO POLITICO

Il pensiero politico gioca un ruolo fondamentale nelle *"Lettere persiane"* e sembra preannunciare l'approccio più profondo e accademico de *"Lo spirito delle leggi"*. Nel romanzo, Montesquieu sviluppa alcune delle idee a lui più care, come i miti utopici (il racconto dei Trogloditi, lettere 11-14) e la definizione di una linea di demarcazione tra monarchia e dispotismo (lettera 102).

Le idee di Montesquieu – e soprattutto i suoi dubbi – sui modi in cui la monarchia potrebbe funzionare sono racchiusi nel seguente passo della lettera 102 (egli sviluppò le sue opinioni molto più a lungo nell'ottavo libro de *"Lo spirito delle leggi"*):

"La maggior parte dei governi europei sono monarchici, o meglio portano questa etichetta; non so infatti se tali governi siano mai esistiti: in ogni caso è impossibile che durino a lungo: tali stati sono instabili e degenerano invariabilmente nel dispotismo o nel repubblicanesimo. Il potere non può mai essere diviso equamente tra il popolo e il principe, l'equilibrio è

> *troppo difficile da mantenere, il potere necessariamente diminuisce sempre da una parte e aumenta dall'altra; di norma, però, il vantaggio è del principe, che guida gli eserciti. I re europei, quindi, godono di un grande potere, e si può dire che lo esercitano a loro piacimento [...]." (p. 136)*

Montesquieu riteneva che la monarchia come sistema fosse tutt'altro che infallibile e che per molti aspetti fosse inadatta alla realtà e addirittura corrotta. Il monarca è sempre avvantaggiato rispetto ai suoi sudditi, poiché tutto il potere è concentrato nelle sue mani, il che significa inevitabilmente che non c'è equilibrio tra la sua volontà e quella del popolo. Montesquieu riteneva, quindi, che l'equilibrio potesse essere ristabilito attraverso la separazione dei poteri e attribuendo al popolo un ruolo maggiore nel processo decisionale.

Egli vedeva il sistema inglese sotto una luce positiva e apprezzava la moralità e la virtù, come si evince dalla lettera 104:

> *"Non tutte le nazioni d'Europa sono ugualmente sottomesse al ruolo del loro principe; per esempio, il carattere impaziente degli inglesi raramente lascia al re il tempo di far sentire la sua autorità: la sottomissione e l'obbedienza sono le virtù di cui gli inglesi si vantano di meno. A questo proposito dicono cose straordinarie. Secondo loro, c'è un solo vincolo che è in grado di assicurare la devozione di un uomo, ed è la gratitudine [...]." (p. 139)*

Quando il romanzo fu scritto, la Gran Bretagna aveva un parlamento i cui membri erano eletti dall'aristocrazia (cosa che in Francia non avvenne fino a dopo la Rivoluzione francese del 1789), aveva creato la Banca d'Inghilterra e aveva incorporato la Scozia, che tuttavia manteneva la propria indipendenza in una serie di ambiti. In particolare, il modo in cui le idee venivano discusse nel parlamento inglese non aveva riscontro in Francia, dove tutto era deciso dal re e il popolo non aveva altra scelta che piegarsi alla sua volontà.

Ciò significa che, a differenza dei francesi, i cittadini inglesi godevano di un certo grado di libertà nell'esprimere le proprie opinioni.

 ## LO SPIRITO DELLE LEGGI

Il saggio *"Lo spirito delle leggi"* è una delle opere più famose di Montesquieu, pubblicato a Ginevra nel 1748. È diviso in cinque parti, ognuna delle quali tratta un argomento diverso (i diversi tipi di governo, la libertà politica, l'importanza del clima, il ruolo dello spirito generale e l'impatto dello scambio), ed espone una serie di proposizioni molto moderne per l'epoca. Questo saggio cementò la reputazione di Montesquieu come teorico di punta del liberalismo politico e fu anche un successo letterario, anche se attirò le critiche dei conservatori e della Chiesa. Montesquieu rispose ai suoi critici con la *"Difesa dello spirito delle leggi"* nel 1750.

Montesquieu descrisse tre tipi di governo: le repubbliche e le monarchie, entrambe animate dai valori positivi della virtù e dell'onore e i governi dispotici, che traggono il loro potere dall'oppressione e dalla paura. Anche la seconda parte del suo saggio ebbe un impatto duraturo sul pensiero politico: sostiene la separazione dei rami esecutivo, legislativo e giudiziario del governo, che rimane un principio fondamentale delle democrazie di tutto il mondo ancora oggi.

ESPLORAZIONE DI QUESTIONI CONTEMPORANEE

Oltre a delineare le sue convinzioni politiche, Montesquieu utilizzò il suo romanzo per esplorare una serie di questioni contemporanee, tra cui la polemica su due traduzioni di Omero (poeta greco della fine dell'VIII secolo a.C.), che rientrava nella cosiddetta "disputa tra gli antichi e i moderni" e che è discussa nella lettera 36. Questa polemica coinvolgeva due autori, l'"Antica" Anne Dacier (filologa e traduttrice francese, 1645-1720) e il "Moderno" Antoine Houdar de la Motte (scrittore e drammaturgo francese, 1672-1731), che avevano pubblicato ciascuno una traduzione dell'*Iliade* (poema epico greco attribuito a Omero) secondo lo stile del proprio campo. In particolare, Dacier credeva nella fedeltà letterale al testo originale, mentre Houdar de la Motte riteneva che il testo antico potesse essere adattato e modernizzato per soddisfare i gusti contemporanei. Ciò diede origine a una serie di vivaci dibattiti sul testo e sulle sue traduzioni, che si protrassero per diversi anni:

> *"[Per esempio, quando arrivai a Parigi li trovai tutti agitati per la disputa più banale che si possa immaginare: riguardava la reputazione di un antico poeta greco, la cui terra di nascita e il cui anno di morte sono rimasti oggetto di congetture per duemila anni. Entrambe le parti ammettevano che si trattava di un poeta eccellente: si trattava semplicemente di stabilire il grado di eccellenza da attribuirgli".* (p. 46)

 ## LA DISPUTA TRA ANTICHI E MODERNI

La disputa tra antichi e moderni divise il mondo letterario francese tra la fine del XVII e l'inizio del XVIII secolo. La disputa oppose gli Antichi, guidati da Nicolas Boileau (scrittore francese, 1636-1711), che ritenevano che la letteratura dovesse ispirarsi all'ineguagliabile perfezione degli scritti dell'antichità, ai Moderni, la cui figura di spicco era Charles Perrault (scrittore francese, 1628-1703), che credevano nell'innovazione e in una letteratura adattata al mondo contemporaneo.

Questa controversia diede origine a una serie di questioni, come l'uso del latino o del francese per i monumenti pubblici e la misura in cui i modelli dell'antichità sarebbero stati utili per gli scrittori successivi. Questo periodo produsse anche una serie di opere celebri, come « *L'Art poétique* » di Boileau. Tuttavia, il dibattito ebbe una durata relativamente breve, poiché le idee dei moderni ebbero presto la meglio.

Il romanzo si ispira anche agli eventi politici contemporanei: ad esempio, Luigi XIV è fortemente criticato per il suo comportamento contraddittorio, le spese eccessive e la tendenza a distribuire ricompense in modo arbitrario e spesso illogico.

Montesquieu si interessò anche alle scoperte scientifiche e all'ascesa della ragione attraverso il personaggio di Usbek, che scrive al derviscio (membro di un ordine ascetico musulmano) Hassein sulla tendenza delle scoperte più elementari a trasformarsi in miracoli scientifici. In effetti, gli scienziati possono usare verità apparentemente evidenti come punto di partenza per scoprire ulteriori verità che rivelano la piena portata e l'importanza delle scoperte iniziali:

> *"La prima legge è: che ogni corpo tende a descrivere una linea retta, a meno che non incontri qualche ostacolo che lo devia; e la seconda, che è un corollario della prima, che ogni corpo che gira intorno a un punto centrale tende ad allontanarsi da esso, perché più si allontana dal centro, più rettilinea sarà la linea che descrive". (p. 130)*

Montesquieu criticava ferocemente anche pratiche contemporanee come la schiavitù, come si evince dalla lettera 118, in cui scrisse: "per quanto riguarda la costa della Guinea, la sua popolazione deve essersi straordinariamente impoverita negli ultimi duecento anni, durante i quali i piccoli re, o i capi villaggio, hanno venduto i loro sudditi ai governanti d'Europa" (p. 159), "gli schiavi, trasportati in un clima diverso, vi muoiono a migliaia" (ibidem) e "non c'è nulla di più oltraggioso che provocare la morte di un numero di persone che si trovano in un clima diverso" (ibidem). 159), "gli schiavi, trasportati in un clima diverso, vi muoiono a migliaia" (*ibid*.) e "non c'è niente di più oltraggioso che provocare la morte di un numero incalcolabile di uomini per estrarre oro e argento dalle profondità della terra; questi metalli sono di per sé completamente inutili, e sono visti come ricchezza solo perché sono stati scelti come suoi simboli" (*ibid*.).

Questo impegno con la realtà contemporanea spiega in larga misura l'entusiasmo con cui il romanzo fu accolto e il fatto che Montesquieu fu successivamente invitato e festeggiato nei salotti letterari. Montesquieu fu uno dei filosofi più importanti dell'Illuminismo e nelle sue *"Lettere persiane" inserì* una serie di questioni centrali del movimento. I suoi personaggi si sono messi a viaggiare e a studiare il maggior numero possibile di argomenti, come fece il loro stesso creatore qualche anno dopo. Usbek e Rica difendono i valori illuministici fondamentali della tolleranza (che sviluppano attraverso il contatto con altre culture), della libertà (che viene esplorata in particolare attraverso il personaggio di Roxane), dell'uguaglianza (che scoprono attraverso il sistema politico inglese), della ragione e dell'amore per la natura.

ULTERIORI RIFLESSIONI

ALCUNE DOMANDE SU CUI RIFLETTERE...

- Perché *"Lettere persiane"* può essere definito un romanzo epistolare. Ci sono fattori che potrebbero complicare questa classificazione?

- Descrivete e confrontate i personaggi di Usbek e Rica. Ognuno di loro ha una visione diversa dei costumi francesi?

- Perché Montesquieu scelse di rappresentare la società francese attraverso gli occhi di due stranieri?

- Se lo scopo delle lettere sull'Occidente è quello di criticare i costumi francesi, qual è lo scopo delle lettere sull'Oriente?

- Leggete attentamente la lettera 118. Quali argomentazioni contro la schiavitù vengono avanzate?

- Confrontate l'approccio di Montesquieu nelle *"Lettere persiane"* con quello di Montaigne nel suo saggio *"Sui cannibali"*.

- In che modo il romanzo riflette gli ideali dell'Illuminismo?

- Conosce altri filosofi illuministi che hanno utilizzato la forma del romanzo epistolare per esprimere le loro idee?

- Esaminate altri famosi romanzi epistolari e confrontate l'effetto che hanno avuto sul periodo in cui sono stati scritti.

- Le *"Lettere persiane"* sono state adattate per il cinema in due occasioni. Discutete l'approccio di ciascun regista.

ULTERIORI LETTURE

EDIZIONE DI RIFERIMENTO

Montesquieu. (2008) *Lettere persiane*. Trans. Mauldon, M. Oxford: Oxford University Press.

STUDI DI RIFERIMENTO

Ehrard, J. (2003-2004) Montesquieu dans Le Monde en 2002. *Revue Montesquieu*. 7, pp. 166-167).

Martino, P. (1906) *L'Orient dans la littérature française au XVIIe et au XIII siècle*. Parigi: Hachette.

Montesquieu. (1754) Quelques réflexions sur les *Lettres persanes*. *Bibliothèque nationale de France*. [Online]. [Accessed 23 March 2018]. Disponibile da: <http://expositions.bnf.fr/montesquieu/lettres-persanes/extraits/quelques-reflexions.htm>

ADATTAMENTI

Petit à petit. (1971) [Film]. Jean Rouche. Dir. Francia: Les Films de la pléiade.

Ispahan: lettre persane. (1977) [Cortometraggio]. Jean Rouche. Dir. Canada/Francia: Centre National de la Recherche Scientifique, Comité du film Éthnographique.

Vogliamo sapere da voi!
Lasciate un commento sulla vostra biblioteca online
e condividete i vostri libri preferiti sui social media!

www.50minutes.com

Master ISBN: 9782808690669
ISBN cartaceo: 9782808612067
Deposito legale: D/2023/12603/1486

Copertura: © Primento

Concezione digitale a cura di Primento, il partner digitale degli editori.